나쁜 말은 재밌어!

글 정란희

전라남도 무안에서 태어나 서울예술대학에서 문학과 연극을 공부했습니다. 〈국제신문〉 신춘문예에 《우리 이모는 4학년》이 당선되어 작품 활동을 시작했습니다.
지은 책으로는 《난 너보다 커, 그런데》, 《우리 형이 온다》, 《짚처럼 풀처럼》, 《장기려》, 《행운가족》, 《우리 가족 비밀 캠프》, 《괜찮아 아빠》, 《엄마의 팬클럽》, 《바다에 가고 싶어요》 등이 있습니다.

그림 에스더

어릴 때부터 그리고 만드는 것을 좋아해서 어른이 된 지금도 꾸준히 미술을 공부하고 있습니다. 좋은 그림을 그려서 어린이 친구들에게 기쁨을 주는 화가가 되고 싶었거든요. 지금은 그림책을 그리며 의상, 기업 디자인 작업도 하고, 창작 활동을 통해 다양한 그림을 발표하고 있습니다.
그린 책으로는 《또르르르 물을 따라가 봐》, 《황금박쥐 부대》, 《날개 달린 풍차바지》 외 50여 권이 있습니다.

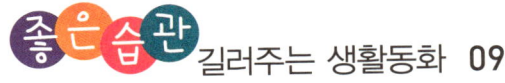
좋은습관 길러주는 생활동화 09

올바른. 언어. 습관을. 길러주는. 책.

나쁜 말은 재밌어!

글 정란희 | 그림 에스더

위즈덤하우스

작가의 말

말이란, 마음 밭에서 나는 냄새

'좋은 말을 하면 좋은 친구가 생겨요.'
 우리 동네 초등학교 앞에 이런 현수막이 내걸렸어요. 아이들은 그 현수막을 힐끗 쳐다보고는 총총총 학교 안으로 들어갔어요. 나는 길을 걷다 말고 그 풍경을 한참 동안 바라보았어요. 그러고는 생각했어요.
 '저곳을 지나는 모든 어린이에게서 말 향기가 나면 얼마나 좋을까? 욕설, 거친 말, 나쁜 말 같은 건 모두 뺀 고운 말의 향기가.'

 말이란, 마음 밭에서 나는 냄새라고 생각해요. 곱고 바른 말을 하는 사람한테서는 향기가 나지만, 밉고 거친 말을 하는 사람한테서는 고약한 냄새가 난다고요.
 이 이야기의 주인공 태성이도 그랬답니다. 상대방이 누구든 욕설과 나쁜 말을 거침없이 하고, 친구를 낮잡아 보아 공격하거나 제멋대로 말했답니다. 그러던 어느 날, 자신의 입에서 나는 지독한 냄새를 맡게 되고, 나쁜 말을 하면 할수록 더 심해지는 그 냄새 때문에 괴로워하지요. 태성이 말고도 누구에게나 이런 일은 일어난답니다. 우리가 쉽게 눈치채지는 못하지만 자신이 나쁜 말을 할 때마다 조금씩 마음 밭은 더러워지고, 다른 사람들 눈에 비치는 자신의 모습도 엉망이 되어가지요.

　우리는 곱고 바른 말을 써야 한다는 걸 알고 있습니다. 이미 우리 조상님들께 많이 들었거든요.
　"가는 말이 고와야 오는 말이 곱다."
　"쌀은 쏟고 주워도 말은 하고 못 줍는다."
　"말 한마디로 천 냥 빚을 갚는다."
　"말이 씨가 된다."
　이 밖에도 말에 대한 중요성을 다룬 말은 매우 많습니다. 수없이 들어서 익숙해진 속담의 뜻을 곰곰이 생각해 보세요. 저절로 고개를 끄덕이다 보면, 여러분의 마음 밭에서는 솔솔 향기가 피어오를 것입니다.

정란희

차례

작가의 말
말이란, 마음 밭에서 나는 냄새 _ 4

내 맘이다, 왜? ♥ 8

이모할머니가 왔어요! ♥ 16

말이란, 마음 밭에서 나는 냄새 ♥ 29

싫어, 다 싫어! ♥ 38

공부만 잘하면 돼! ♥ 49

정태성을 공개합니다 ♥ 55

이제 향기가 나! ♥ 71

부 록

욕쟁이 태성이의 고운 말 사전 만들기 _ 80

❶ 나의 고운 말 점수는 몇 점?
❷ 상황에 맞는 고운 말 찾기
❸ 모두가 행복해지는 말! 말! 말!

내 맘이다, 왜?

점심시간이에요. 반 아이들이 급식을 받기 위해서 줄을 섰어요.

"야! 빨리 가, 빨리!"

태성이가 식판으로 앞에 서 있는 연주의 등을 툭 밀었어요. 선생님도 없으니 얼른 먹고 나가서 축구를 하겠단 생각뿐이었어요.

"아, 알았어."

연주 얼굴이 빨개졌어요. 그러고는 급식 당번에게 된장국을

받자마자 몸을 돌렸어요. 그때 하필 빈 식판을 옮기던 석이와 부딪쳤어요.

"어? 어? 어……."

연주의 양팔이 휘청대면서 그만 식판을 떨어뜨리고 말았어요. 밥과 시금치나물, 멸치볶음, 김치가 교실 바닥에 엎질러져 흩어졌어요.

"우이씨, 이게 뭐야? 나한테 국물이 튀었잖아. 멍청하게 그걸 떨어뜨리냐?"

태성이가 화를 내며 난리였어요. 바지에 국물이 조금 튀었

다고 국솥에 빠진 것처럼 고래고래 소리를 질렀어요. 실내화 앞코에 멸치를 얹고 있는 석이도 가만있는데 말이에요.

연주가 사과했어요.

"미안해!"

"미안하다면 다야? 거지 같은 게 정말!"

한번 화를 내자, 태성이는 왠지 더 속이 부글대는 것 같았어요. 그래서 더 펄펄 뛰었어요.

"뭐가 미안한데? 뭐가 미안하냐고!"

연주 얼굴이 점점 굳어졌어요. 그래도 태성이는 분이 안 풀려 다다다 쏟아 냈어요. 거침없었지요.

"네까짓 게 하는 일이 그렇지. 바보, 멍충이, 꼽등이, 난쟁이, 땅꼬마 같은 계집애!"

연주가 태성이를 쏘아보았어요. 금세 왈칵 눈물이 쏟아질 것 같은 얼굴이었어요. 키도 몸집도 작은 연주는 난쟁이나 땅꼬마 같은 별명을 아주 싫어해요. 키가 작은 게 잘못은 아니잖아요.

두 사람 가운데에서 석이만 똥 마려운

강아지처럼 어쩔 줄 몰라 했어요.

"태성아, 그만해라. 응? 연주야, 네가 참아!"

아이들이 우르르 몰려들었어요.

"무슨 일인데?"

"애들이 왜?"

묻는 아이들에게 처음부터 끝까지 설명해 주는 아이도 있었어요.

"이거 국물 튄 거 어떡할 거냐고? 해삼, 말미잘, 똥개, 이 멍충아!"

옆에서 태성이의 욕을 듣다 못한 아이들이 나섰어요.

"일부러 그런 것도 아닌데 뭘 그러니?"

"그러게. 이상한 애야, 정태성!"

"게다가 네가 먼저 뒤에서 밀었잖아."

태성이 뒤에 서 있던 수민이가 말했어요.

그러자 태성이가 콧방귀를 뀌었어요.

"내 맘이다. 왜?"

"네 맘만 있냐? 내 맘도 있다. 딴 사람 맘도 있고…….."

못마땅한 것을 참지 못하는 수민이가 바락바락 대들었어요. 그러자 석이가 두 손을 번쩍 들더니 휘휘 저으며 말렸어요.

"얘들아! 그만, 그만 해. 연주야, 내가 이거 놓고 와서 도와줄게."

석이의 말이 끝나자마자 연주가 바닥에 앉아 음식 쓰레기를 주워 담았어요. 그러자 어느새 유진이가 와서 도와주었어요.

"연주야, 괜찮아? 다친 덴 없지?"

유진이의 말에 연주가 고개를 끄덕였어요. 태성이의 눈초리가 쌜쭉 올라갔어요.

"어쭈? 이것들이 국물이 튄 건 난데 지들끼리 서로 난리네. 자알 논다."

유진이가 쓰레기를 다 주워 담고 일어섰어요. 그러고는 태성이를 보며 또박또박 말했어요.

"이렇게 바닥에 쏟은 것들은 모두 주워도 네가 쏟아 낸 말은 주울 수 없다는 걸 알고 있니?"

"뭐라고? 무슨 소릴 하는 거야? 왕재수, 꺼져!"

연주까지 태성이를 쳐다보았어요.

"내가 말을 어떻게 하든 말든 네가 뭔 상관이야? 내 맘이라니까!"

유진이는 태성이 앞을 휙 지나쳐 쓰레기통 쪽으로 갔어요.

"애들한테 인기 얻으려고 알랑대는 꼴이라니……. 밥맛없어, 조유진!"

태성이는 유진이의 뒤통수를 쏘아보았어요. 하지만 그때 태성이는 몰랐어요. 아이들의 곱지 않은 눈길이 한꺼번에 자신을 향하고 있다는 걸요.

이모할머니가 왔어요!

집에 오는 길이었어요. 교문을 나서는데 아이들이 서너 명씩 무리 지어 갔어요. 터덜터덜 혼자서 걷는 아이는 태성이뿐이에요. 태성이는 걷다 말고 아이들의 모습을 바라보았어요. 아주 조금 부럽기도 했어요.

멀리 가고 있는 유진이와 연주도 보였어요. 갑자기 기분이 나빠졌어요.

"오늘은 종일 되는 일이 없어. 다 저 계집애들 때문이야."

입을 불뚝 내밀며 구시렁거렸지만, 기분은 나아지지 않았어요. 자기들끼리만 뭉쳐 다녀서 더 기분 나빴어요. 축구에서 진 것도, 받아쓰기를 하나 틀린 것도, 선생님이 발표를 시켜 주지 않은 것도 다 여자애들 탓으로 돌렸어요.

'앞으로 일이 안되면 모두 너희 탓이다. 꽝꽝꽝!'

판결 봉으로 세 번 두드리는 시늉을 했더니 기분이 조금 나아졌어요. 유진이와 연주는 그것도 모르고 시시덕거리며 걸어갔어요.

태성이가 문방구 앞에 다다랐을 때예요. **뽕뽕** 게임기에서 음악이 흘러나왔어요.

'뽕뽕 게임은 정말 재미있어. 이리 와서 얼른 해 봐!' 라며 소리치는 것 같았어요.

태성이는 동전을 넣고 게임을 시작했어요. 음악 소리가 더 짱짱 울렸어요. 우우, 신이 났어요.

"죽어라, 죽어, 죽어! 넌 죽어야 해."

게임 단추를 쾅쾅 치면서 소리쳤어요.

"그렇지, 싹쓸이해 버려. 이 짜식이 안 죽네. 얍, 기다려라

짜식아……."

꿍얼꿍얼대며 게임에 빠져들었어요.

그때였어요. 모르는 아저씨가 태성이를 불렀어요. 태성이는 들은 체도 하지 않았어요. 그러자 아저씨가 어깨를 툭툭 건드렸어요.

"아이씨, 왜요?"

태성이가 턱을 추켜들며 따지듯 물었어요. 그러자 아저씨가 큼큼 헛기침을 했어요.

"혹시 은혜약국이 어디 있는지 아니? 할머니가 길을 물으시는데……."

"몰라요!"

태성이는 아저씨에게 눈을 부라리며 대답했어요.

"그럼 우체국은 아니?"

"모른다고요. 내가 그딴 걸 어떻게 알아요?"

그때 하필 게임 속에서 지뢰가 빵 터져서 몽땅 죽고 말았어요. 태성이는 왈칵 짜증이 났어요.

"으아, 짱나. 아저씨 때문에 죽었잖아요. 이길 수 있었는데……."

그러자 아저씨가 야단을 쳤어요.

"이 녀석아, 어른한테 말버릇이 그게 뭐냐?"

그때 할머니 한 분이 태성이 쪽으로 걸어왔어요.

"얘, 너 혹시 태성이 아니니? 정태성 말이야!"

태성이는 고개를 돌렸어요. 그러고는 깜짝 놀랐어요. 지난번 여름휴가 때 만난 적이 있는 이모할머니예요. 시골에서 혼자 사는 할머니예요.

"네? 응, 네!"

갑자기 세 사람의 표정이 어정쩡해졌어요. 할머니는 아저씨한테 부끄러웠어요. 아저씨는 할머니한테 미안했어요.

태성이는 당황스러우면서도 시큰둥했어요. 얼른 집에 가고 싶어졌어요. 그래서 몸을 돌렸어요. 할머니는 아저씨한테 고맙다고 인사하고는 태성이의 뒤를 따랐어요.

"그래, 엄마랑 아빠도 건강하게 잘 지내지?"

"이사했다면서?"

"음식도 골고루 잘 먹고?"

태성이는 자꾸만 말을 걸어오는 할머니가 귀찮아 앞만 보고 걸었어요. 그러자 할머니도 태성이를 놓치지 않으려고 뛰듯이 걸었어요. 할머니의 가쁜 숨소리가 들렸지만 태성이는 걸음을 늦추지 않았어요.

현관문을 열고 집 안에 들어서며 목청껏 엄마를 불렀어요.

"엄마, 엄마! 할머니 왔어!"

부엌에 있던 엄마가 얼른 나와 할머니를 맞았어요.

"어머, 이모님. 어서 오세요!"

"이사했단 소릴 듣고 한 번 다녀가야지 했는데 농사일이 바빠서 잘 안 되더구나. 그래서 치과 치료도 받을 겸 해서 올라

왔단다."

"네, 잘 오셨어요. 오신 김에 푹 쉬었다가 가세요."

"치료만 끝나면 어서 내려가야지. 강아지를 옆집에 맡겨 놨거든."

엄마와 할머니가 거실에 앉았어요. 혹시 할머니가 아까 있었던 일을 엄마한테 이를까 봐 태성이는 조마조마했어요. 아저씨한테 버릇없이 군 것 같아 마음이 조금 찔렸거든요. 하지만 할머니는 아무 말도 안 했어요. 계속 엄마와 다른 얘기만 주고받았어요.

그때 카드 생각이 나서 불쑥 끼어들었어요.

"엄마, 내 카드 어디다 뒀어? 내 물건에 손 대지 말랬잖아."

그러자 엄마도 싸우듯이 소리쳤어요.

"자꾸 어지르면 버린다고 했지? 그랬어, 안 그랬어?"

태성이는 씩씩거리며 컴퓨터 앞에 앉았어요. 때를 놓치지 않고 엄마가 또 소리쳤어요.

"야, 정태성! 숙제 안 해? 학습지도 안 풀었잖아?"

할머니와 이야기할 때와는 전혀 다른 얼굴이에요. 태성이가 우물쭈물했어요. 그러자 엄마가 혀를 찼어요.

"쯧쯧, 내가 너 그럴 줄 알았어. 네가 하는 일이 다 그렇지 뭐. 빨리 일어나지 못해?"

할머니는 태성이와 엄마의 얼굴을 번갈아 보며 고개를 갸우뚱했어요. 무슨 말을 하려다 그냥 참는 것 같았어요.

태성이는 마지못해 엄마 말대로 했어요. 억지로 공부방으로 끌려갔어요. 하나도 흥이 나

지 않았어요.

잠시 후, 태성이가 다시 나왔어요.
"다했어!"
"영어 듣고 말하기 연습은 안 했잖아."
그러자 태성이는 또 자석에 끌려가는 쇳가루처럼 스르르 움직여 앵무새처럼 영어를 따라 했어요.
엄마의 말 한마디는 정말 힘이 셌어요.

이리 안 와?

숙제 안 해?

끄지 못해!

오후 내내 엄마 말은, '이리 안 와? 그거 안 가져 와? 숙제 안 해? 컴퓨터 끄지 못해! 그만해! 하지 마!'였어요. 그리고 태

싫어

성이 말은, '싫어, 몰라, 그냥, 안 해, 됐거든, 알았다고, 어쩌라고?' 뿐이었어요.

처음에 할머니는 귀가 따가운지 귓불을 만졌어요. 그러다가 찬물을 벌컥벌컥 마셨어요.

나중에는 이마를 꾹꾹 눌렀어요. 머리가 지끈지끈 아픈 것 같았어요. 그래서인지 저녁도 먹는 둥 마는 둥 했어요. 하지만 태성이는 할머니보다 먼저 든 숟가락을 마지막까지 들고 있었어요.

태성이는 늦은 밤까지 컴퓨터 게임을 했어요. 며칠 동안 방을 함께 쓰기로 한 할머니가 있는데도 아랑곳하지 않았어요.

태성이는 전쟁 게임을 했어요.

마우스 버튼을 누를 때마다 대포가 뻥뻥 터졌어요. 불꽃이 파르르 일고 나면 군인들의 목이 낙엽처럼 우수수 땅바닥에 떨어졌어요.

"야~, 죽어라. 다 죽어 버려! 시원하게 모두 죽어 버리라고."

태성이의 목소리가 갈수록 커졌어요. 그러자 옆에 있던 할머니가 고개를 저었어요.

"태성아!"

또렷한 목소리로 태성이를 불렀어요.

"왜? 할머니 먼저 자!"

그러자 할머니가 엄한 목소리로 다시 불렀어요.

"태성아, 이리 오렴. 할 말이 있단다."

"아, 정말 짱나. 한창 재밌는데……."

태성이는 투덜대며 느릿느릿 할머니 쪽으로 갔어요.

"오늘 내가 널 지켜봤는데 나쁜 말을 많이 쓰더구나. 말은 그 사람의 냄새란다. 고운 말을 쓰면 향기가 나지만, 나쁜 말을 쓰면 나쁜 냄새가 나지."

"에이, 그런 게 어딨어? 말도 안 돼. 다 뻥이지?"

태성이가 콧방귀를 뀌었어요. 하지만 할머니는 차분한 목소리로 말을 이었어요.

"잘 생각해 보렴. 우리가 보지 않고 냄새만 맡아도 그게 꽃인지, 똥인지 알 수 있지? 그것처럼 말은 그 사람의 마음 밭에 예쁜 꽃이 있는지, 더러운 시궁창이 있는지 알게 한단다."

태성이는 얼굴을 잔뜩 찌푸렸어요.

"할머니는 괜히 이상한 말만 해!"

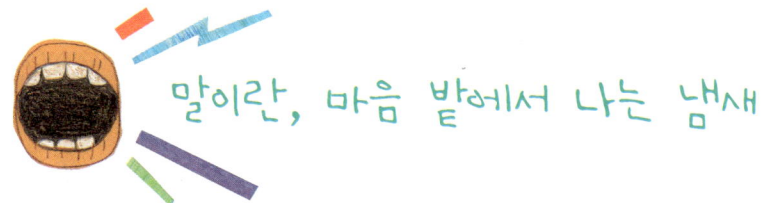

말이란, 마음 밭에서 나는 냄새

"콩은 여기에 붙여!"

"아니야. 여긴 참깨를 붙여야 해."

"좋아. 그럼 쌀은 여기, 보리는 저기!"

아침부터 모둠 아이들이 시끄러웠어요. 유진이의 목소리도 섞여 있었어요.

병주가 쌀과 보리, 콩, 참깨 등의 곡물을 얇은 나무판에 붙여 모자이크를 만들고 있었어요. 잘 만들어서 교실 뒤에 있는 '우리들의 솜씨'에 붙여 놓을 거예요. 얼마 전에 선생님이 말했어요.

"교실을 정성껏 꾸며 볼 친구 있나요? 공개 수업 때 오시는 학부모님들께 우리 솜씨를 자랑해도 좋겠어요."

말이 끝나자마자 병주가 손을 들었어요. 그래서 짬나는 대로 하는 거예요. 모둠 아이들도 병주를 도와주었어요. 태성이는 참견하고 싶어졌어요. 그래서 어슬렁어슬렁 병주 옆으로 갔어요.

"야, 난 이런 거 발로도 만들겠다. 엄청 꼬졌네, 꼬졌어……."

병주가 태성이를 힐끗 보더니 다시 나무판을 들여다보았어요. 참깨와 녹두로 모양을 냈어요. 바락 대들어야 할 병주가 보는 둥 마는 둥 했어요.

'날 무시하나?'

태성이는 은근히 기분 나빠졌어요.

"야, 이리 줘 봐."

"안 돼!"

병주가 딱 잘라 말했어요.

"안 되는 게 어디 있어? 잘하지도 못하는 게."

태성이가 나무판을 끌어당겼어요. 그러자 병주가 뺏기지 않으려고 나무판 양쪽을 꽉 잡았어요. 태성이는 화가 났어요. 그래서 손아귀에 힘을 주어 더 세게 당겼어요.

그때, 뚝 소리가 났어요. 둘 사이에서 왔다 갔다 하던 나무판 모서리가 부러져 버린 거예요.

"야, 망가졌잖아."

"어머, 어쩜 좋아!"

아이들의 말에 태성이는 오히려 큰소리를 쳤어요.

"그러게 짜식아, 보자고 할 때 주면 되지 왜 안 보여 줘?"

병주의 눈이 눈물로 그렁그렁해졌어요. 입술도 씰룩씰룩, 울음도 꿀꺽꿀꺽 삼켜 냈어요.

그때였어요. 태성이의 코끝에 구린내가 화악 끼쳤어요.

"야, 이게 무슨 냄새야?"

아이들은 어리둥절해했어요.

"무슨 냄새?"

태성이는 아이들을 둘러보고는 얼굴을 찡그렸어요. 그러고는 아이들에게 먼저 덮어씌웠어요.

"너 방귀 뀌었지? 그렇지? 내가 모를 줄 알고?"

옆에 있던 연주에게 집게손가락을 들이대자 연주 얼굴이 빨개졌어요. 금세라도 울 것 같았어요. 그러자 옆에 있던 수민이

가 나섰어요.

"야, 연주한테 무슨 냄새가 난다고 그래? 아무 냄새도 안 나는데."

그러자 다른 아이한테 따지듯 물었어요.

"아님 너지? 그렇지?"

"뭐라고? 얘들아, 우리 그냥 자리에 앉자. 얘랑 싸우지 말자."

아이들이 모두 제자리로 돌아가 버렸어요.

"쟤 정말 이상해."

"그러게. 이젠 거짓말까지 하네."

태성이는 아이들을 둘러보았어요. 방귀를 뀌거나 똥을 싸고 시치미를 떼는 표정이 아니었어요. 발끈하고 화를

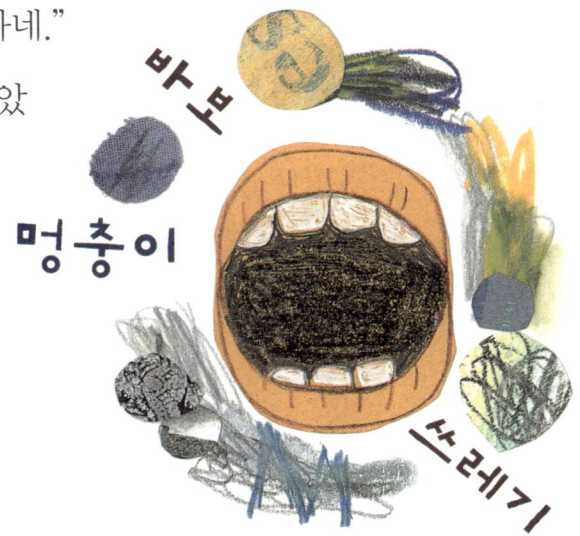

내려고 입을 벌리려는데 나쁜 냄새가 다시 풍겼어요. 태성이는 심장이 쿵 하고 떨어지는 것 같았어요. 그때, 할머니의 말이 떠올랐거든요.

"말은 그 사람만의 냄새란다. 고운 말을 쓰면 향기가 나지만 나쁜 말을 쓰면 나쁜 냄새가 나지."

'혹시 내가 나쁜 말을 해서 입에서 나쁜 냄새가 나는 걸까? 아냐, 아냐. 그럴 리 없어. 말도 안 돼.'

폴폴 나는 구린내에 태성이는 입을 막고 화장실로 뛰어갔어요. 한참 시간이 흐른 뒤에야 겨우 냄새가 사라졌어요.

다음 수업은 '말하기와 듣기'

시간이에요.

"자, 지금부터는 우리가 웃어른께 쓰는 존댓말에 대해 이야기하겠어요. 존댓말을 쓰는 게 좋다고 생각하는지 좋지 않다고 생각하는지, 손을 들어 발표해 봐요."

다른 때 같았으면 선생님의 말이 다 끝나기도 전에 손을 번쩍 들었을 거예요. 하지만 태성이는 입을 꾹 다물었어요. 입을 벌리면 구린내가 날까 봐 조심했어요.

"어른들께 존댓말을 쓰는 게 좋다고 생각합니다. 우리가 예의 바르게 존댓말을 쓰면 듣는 어른들도 기분이 좋아질 것이기 때문입니다."

'놀고 있네. 너나 많이 써라.'

태성이는 속으로 말했어요. 유진이가 발표하고 나서 자리에 앉자, 아이들의 손이 쑥쑥 올라갔어요.

"저요, 저요!"

선생님이 손을 높이 든 민지 이름을 불렀어요.

"저는 그렇게 생각하지 않습니다. 존댓말을 쓸 때보다 반말

을 쓸 때 부모님과 더 친하게 느껴졌습니다. 그래서 반말을 써도 좋다고 생각합니다."

태성이가 고개를 끄덕이고는 속말을 했어요.

'못생긴 계집애가 맞는 말을 할 때도 있네. 존댓말은 무슨 존댓말이야? 그냥 반말 쓰는 게 최고지. 돼지 같은 게······.'

피식 웃으려는데 입에서 구린내가 먼저 풍겼어요. 그래서 얼른 조개처럼 입을 꾹 다물었어요.

싫어, 다 싫어!

"우이씨, 내 지우개 어디 갔어?"

태성이가 짜증을 내자, 어디선가 구린내가 솔솔 났어요. 하지만 너무 화가 나서 말을 멈출 수가 없었어요.

"누가 내 지우개를 훔쳐 갔냐고? 너지?"

짝꿍을 가리키자, 구린내는 더 심해졌어요. 짝꿍이 교실 바닥을 가리켰어요.

"네 의자 아래에 떨어져 있네. 넌 찾아보지도 않고 남을 의심하니?"

짝꿍의 말에 태성이가 되레 더 큰소리를 쳤어요.

"그러게. 왜 자꾸 내 자리를 넘보느냐고? 멍충이, 말미잘, 해삼, 멍게같이."

그러자 열 배로 지독한 냄새가 훅 끼쳤어요.

콜록콜록, 태성이가 기침을 했어요. 그 모습을 본 짝꿍은 어이없어했어요.

태성이가 나쁜 말을 할 때마다 구린내가 더 풀풀 풍겼어요. 방귀 냄새, 아기 똥 냄새, 태성이 똥 냄새, 어른 똥 냄새. 어떨 때는 똥주머니가 터진 것처럼 사방에서 지독한 냄새가 남실대는 것 같았어요. 태성이는 하도 이상해서 복도 구석에서 혼자 나쁜 말을 중얼거려 봤어요. 얼마나 지독한 냄새가 나는지 궁금했거든요.

"바보!"

구린내가 났어요.

"멍충이, 말미잘!"

더 지독한 구린내가 났어요.

"해삼, 멍게, 똥개!"

토할 것 같았어요. 정말 이상했어요.

"칠푼이, 팔푼이, 꼽등이, 욕심 돼지!"

숨을 쉬기 어려웠어요. 코를 움켜잡고 입으로 숨을 쉬려 했지만 나아지지 않았어요.

"원숭이 똥구멍, 지네 뒷다리 털……."

캑캑, 몸이 더 이상 냄새를 받아들이지 못해서 터뜨리는 기침 때문에 다시 화장실로 달려갔어요. 고약한 냄새 때문에 눈물까지 찔끔찔끔 났어요.

'도대체 어떻게 된 거지?'

체육 시간이 되었어요. 신나게 뛰어놀 생각에 모두 들뜬 모습이에요. 게다가 '숫자에 맞게 모둠 만들기 놀이'를 한다고 했어요. 반 아이들 모두가 하나의 큰 동그라미를 만든 다음, '둥글게 둥글게'라는 노래를 부르며 빙글빙글 돌다가 선생님이 말하는 숫자대로 모둠을 만드는 놀이에요. 물론 모둠을 만들지 못하는 아이가 술래가 되는 거지요.

 아이들은 몸을 건들거리면서 놀이가 시작되길 기다렸어요. 단짝 친구끼리 붙어 있으려고 작전을 짜기도 했어요. 하지만 태성이는 걱정이 태산이었어요.

 '아이들이 날 껴안으면 어쩌지? 나한테서 똥 냄새가 날 텐데……'

 저절로 한숨이 나왔어요. 하지만 태성이가 그러거나 말거나 수업은 시작되었어요. 서른여섯 명의 아이들이 큰 동그라미를 만들며 빙글빙글 돌았어요.

 '둥글게 둥글게' 노래가 끝나갈 즈음, 선생님이 크게 소리쳤어요.

 "세 명!"

 선생님이 손가락 세 개를 폈어요.

 아이들은 셋씩 짝을 짓느라 정신없었어요. 모둠에 끼지 못한 아이들은 허둥지둥 들어갈 곳을 찾았어요. 그러다 자기들끼리 모둠을 꾸리기도 했어요. 순식간이었어요. 하지만 태성이는 일부러 몸을 빼며 아이들을 피했어요. 그때까지 떠돌던 연주와 유진이가 태성이를 보았어요. 그러고는 태성이를 향해 달려왔어요. 깜짝 놀란 태성이는 두 팔로 아이들을 밀어냈어요. 입 냄새를 들키기 싫었거든요. 하지만 아이들은 태성이의

팔과 몸을 껴안으며 떨어지지 않았어요.

"저리 가! 꺼지라고!"

연주 얼굴이 빨개졌어요. 유진이도 얼음 동상처럼 서 있었어요.

태성이는 급하게 자기 입을 막았어요. 엄청 강한 구린내가 났거든요. 태성이 얼굴이 잔뜩 구겨졌어요.

"태성아, 왜 그래? 무슨 일이니?"

선생님이 다가왔어요. 그러자 태성이가 고개를 절레절레 흔들었어요. 선생님은 이상하게 생각했어요. 요즘 들어 입을 잘 벌리지 않는 태성이를 눈여겨보고 있었거든요.

체육 시간이 어떻게 끝났는지도 몰라요. 게다가 우울한 일들은 한꺼번에 일어나는 법, 얼굴이 새빨개질 만큼 창피한 일은 또 있었어요.

하필 수업을 마친 뒤, 짝꿍을 바꾸기로 한 날이거든요.

"약속대로 이번에는 여자 친구들이 제비뽑기를 하겠어요. 뽑은 남자 친구 번호가 짝꿍이 되는 거예요."

선생님의 말이 끝나자마자 여자아이들이 모두 태성이를 바라보았어요. 제발 태성이랑 짝이 되지 말았으면 하고 비는 것 같았어요.

한 사람, 한 사람이 앞으로 나가 제비를 뽑았어요. 유진이, 민지 다음에 보라가 뽑았어요. 보라가 뽑은 쪽지를 슬쩍 펼쳐 보더니, 바닥에 주저앉아 엉엉 울음보를 터뜨렸어요.

"어머, 난 어떡해?"

선생님이 보라에게 가서 왜 그러는지 물었어요. 그러나 보라는 울음과 딸꾹질 때문에 말도 제대로 잇지 못했어요.

"저, 저는 태서, 태성이랑 앉기 싫단 말이에요. 엄마도 함부로 말하는 애랑 짝꿍 되면 어쩌냐고 거, 걱정했는데……."

말하는 사람은 보라였지만 아이들은 모두 태성

이를 바라보았어요. 아이들이 꼴좋다고 말하는 것 같아 태성이는 온몸이 얼어붙었어요.

선생님은 태성이를 보며 크게 한숨을 내쉬었어요. 태성이에게 무슨 일이 있는 것은 아닌지 걱정하는 것 같았어요.

그때였어요. 연주가 슬그머니 손을 들었어요. 작지만 또렷한 목소리였어요.

"선생님, 태성이랑 짝꿍 하고 싶어요."

학교가 끝나자마자 태성이는 마구 뛰었어요. 집에 가기 싫었어요. 집에 가 봤자 지독한 냄새 때문에 아무것도 할 수 없거든요. 학교에 가나 집에 가나 마찬가지예요. 입을 벌리면 나는 구린내 때문에 정신을 차릴 수가 없어요.

'차라리 공원으로 가자. 집도 학교도 다 싫어!'

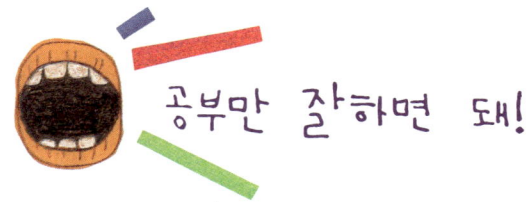

공부만 잘하면 돼!

해 질 녘이 되어서야 태성이는 집에 왔어요. 하지만 여전히 기분은 안 좋았어요. 그래서 할머니를 보고 인사도 하지 않았어요.

"태성아!"

엄마가 부르자, 얼굴을 찡그렸어요. 갑자기 시궁창 냄새가 풍겼어요. 속까지 울렁거렸어요.

"너 학교에서 애들한테 욕하고 나쁜 말 쓰니?"

아침에 녹색 어머니 교통 봉사를 갔다 온 엄마가 물었어요.

속으로 뜨끔했지만, 시치미를 뗐어요.
"아니!"
그러자 냄새가 더 났어요.
"요즘 학교에서 발표도 안 하고, 친구들이랑 말도 안 한다면서? 선생님이 그러시던데……."
"아니야, 아니래도!"

"아니야? 정말 아니야?"
엄마 얼굴이 환해졌어요. 하지만 태성이는 코를 움켜잡았어요.
"으~, 냄새!"
엄마가 코를 벌름벌름했어요.
"무슨 냄새가 난다고 그래? 괜히 할 말 없으니까 딴소리하는 거

아냐?"

"엄마, 아니야. 아니라고!"

그러자 엄마가 마음을 푹 놓는 것 같았어요. 속도 모르고 방싯방싯 웃기까지 했어요.

"애들한테 나쁘게 말한 적 없다 이거지? 괜히 아줌마들이 우리 아들이 공부를 잘하니까 샘 부리나 보다. 이제부턴 선생님 앞에서도 애들이랑 친하게 노는 거 보여 드려. 걱정하시니까. 호호호. 그럼 그렇지. 누구 아들인데……."

태성이는 거실 문을 활짝 열었어요.

"냄새, 냄새를 빼야 해. 지독한 냄새를."

하지만 엄마는 자기 말만 했어요.

"그래. 넌 신경 쓰지 말고 공부만 해! 남보다 조금 예민하면 어때? 똑똑한 애들을 보면 예민하더라고. 공부만 잘하면 돼. 알았지? 특히 영어 공부……."

태성이는 방으로 들어왔어요. 할머니가 온종일 머물던 곳이라서 숨쉬기가 한결 나았어요.

그때, 거실에서 할머니와 엄마가 하는 소리가 들렸어요.

"애야. 내가 이런 말 안 하려고 했다만……. 영어 공부보다는 얼마나 올바르고 고운 말을 쓰느냐가 중요하단다. 사람의 됨됨이는 말로 보여질 때가 많아서……."

"아이고, 이모님. 고리타분한 말씀 하지 마세요. 얘가 살아갈 세상이 어디 그런가요? 영어 실력자가 대접받는 세상이라고요."

하지만 태성이의 귀에는 아무 말도 담기지 않았어요. 태성이의 소원은 단 하나! 고약한 냄새로부터 벗어나는 것이에요.

태성이는 방 안을 둘러보다가 곰돌이 인형을 발견했어요. 성큼성큼 인형에게 다가갔어요. 어릴 적에 산타 할아버지가 준 선물이에요. 정말 오랜만에 마주했어요.

'고운 말을 쓰면 정말 향기가 날까? 한번 해 볼까?'라고 생각하다가 마음에도 없는 말을 꾸며 했어요.

"곰돌아, 넌 정말 사랑스러운 내 친구야!"

얼른 말을 내뱉고는 눈을 감았어요. 그리고 몇 분을 기다렸

어요. 하지만 아무 냄새도 나지 않았어요.

"왜 좋은 냄새가 안 나는데? 엉?"

화가 나서 주먹으로 인형을 팍 때렸어요. 곰돌이 인형이 앞으로 고꾸라졌어요. 그러면서도 인형은 웃고 있었어요. 약이 올랐어요. 인형을 주워 올렸어요. 한 번 더 팰 참이었어요.

방에 언제 들어왔는지 할머니가 말했어요.

"태성아, 네 말에 마음이 담기지 않아서 그런 것 같구나. 그래서 플라스틱으로 만든 가짜 꽃처럼 향기가 안 나는 거지. 시궁창에 가짜 꽃을 꽂아 둔다고 해서 달라지는 게 있겠니?"

태성이는 할머니의 말에 입만 헤벌리고 있었어요.

# 정태성을 공개합니다

"아들, 오늘 공개 수업 때 발표 잘해! 알았어? 알았느냐고? 할머니도 가신단 말이야."

태성이는 어쩔 수 없이 고개를 끄덕였어요. 마음 같아선 오지 말라고 말하고 싶었지만 그럴 수도 없었어요. 엄마가 더 공개 수업을 기다렸거든요.

엄마는 아침부터 시끄러웠어요. 공개 수업 날이 대단한 날인 양 요란을 떨었어요. 걱정하는 태성이와는 반대로 콧노래까지 흥얼거렸어요.

예쁜 옷을 입고 화장도 곱게 한 엄마를 교실에서 보자, 태성이의 어깨가 절로 내려갔어요.
'선생님이 발표시키면 어쩌지? 입을 벌리면 구린내가 날 텐데······.'
걱정이 하늘만큼 땅만큼 컸어요.
엄마는 할머니와 함께 교실 뒤에 놓아둔 의자에 앉았어요. 친구 엄마들도 줄줄이 들어왔어요. 금세 교실이 가득 찼어요.
수업 시작종이 울리자, 선생님이 말했어요.

"이 시간에는 우리가 쓰는 '말'에 대해 생각해 보도록 하겠어요. 자, 이걸 보세요. 선생님이 여러분의 이해를 돕기 위해 만든 거예요."

선생님은 통나무 옷을 보여 주었어요. 갈색 두꺼운 종이를 둥그렇게 말아 붙인 거예요. 입으면 통나무에 돋아난 새싹들이 보여 깜찍했어요.

"지금은 이렇게 작은 싹만 있지만, 이제부터는 여러분이 큰 잎사귀를 달아 줘야 해요."

"어떻게요?"

궁금한 걸 참지 못하는 석이가 물었어요.

'에이, 시시해! 유딩이냐?'

태성이는 튀어나오려던 속말을 참았어요. 입술을 꾸욱 오므렸어요.

선생님이 말을 이었어요.

"이 옷을 입은 사람에 대해 생각나는 말이나 단어들을 잎사귀에 써서 달아 주는 거예요. 만약 이 옷을 기린이 입고 있다

고 생각해 봐요. 우리는 어떤 말 잎사귀들을 붙여 줄 수 있을까요?"

그러자 아이들이 앞다투어 말했어요.

"목!"

"길다!"

"작은 얼굴!"

"나뭇잎 먹이!"

"동물원!"

선생님이 짝짝짝 박수를 쳐 주었어요. 엄마들도 뿌듯하게 웃었어요.

"그럼 누가 이 통나무 옷을 입어 볼까요?"

저요, 저요. 아이들이 손을 높이 들었어요. 하지만 태성이는 손을 들지 않았어요. 엄마가 뻐끔뻐끔 입 모양으로 말했어요.

"태성아, 너도 손들어! 얼른 손들라니까. 아니, 쟤가?"

옆에서 친구 엄마들이 태성 엄마를 힐끗거렸어요. 할머니는 아이들을 보고 여전히 웃었어요.

선생님이 유진이를 가리켰어요.

"조유진, 앞으로 나오세요."

유진이가 어깨를 으쓱하며 나갔어요. 아이들이 무척 부러워 했어요.

"우아, 좋겠다. 유진이."

"재밌겠다."

또한 실망하는 아이들도 있었어요.

"아, 나도 저거 입고 싶다."

"나도."

여러 말들 사이에 태성 엄마의 한숨도 섞여 있었어요. 선생님이 유진이에게 통나무 옷을 입혀 주었어요. 로봇처럼 몸이 딱딱하고 빵빵했어요. 그걸 보고 아이들이 웃었어요.

선생님이 잎사귀 모양 색종이를 나누어 주었어요.

"앞에 서 있는 유진이를 보면서 생각나는 말을 자유롭게 써 보세요."

아이들은 열심히 적었어요. 또각또각 연필 소리가 가벼웠어요. 뭐라고 썼는지 짝꿍 귀에 대고 물어보는 아이도 있었어요.

"다 쓴 사람은 차례대로 나와서 통나무 옷에 잎사귀를 하나씩 붙여 주세요."

아이들이 헤죽헤죽 웃으며 앞으로 나왔어요.

조금 뒤, 유진이의 통나무 옷에 잎사귀들이 달리기 시작했어요. 연두색, 초록색, 진한 초록색 이파리들이 붙자, 금세 푸른 나무가 되었어요.

"자, 유진이한테는 친구들이 어떤 말 잎사귀들을 붙였나 한번 볼까요?"

선생님과 아이들이 입을 모아 읽었어요.

"웃음, 반장, 잔소리쟁이, 멋쟁이, 친절, 도움, 함께 떡볶이 먹고 싶다……."

유진이가 웃었어요. 아이들도 엄마들도 깔깔대며 웃었어요.

"유진이는 친구들한테 인기가 아주 많군요."

선생님도 유진이를 추켜세웠어요.

"자, 그럼 통나무 옷을 한 사람만 더 입어 볼게요. 누가 입을까?"

아이들이 번쩍번쩍 손을 들었어요.

"저요! 저요!"

어떤 아이는 엉덩이까지 들고 손을 높이 쳐들었어요. 하지만 태성이는 고개를 수그렸어요. 이번에도 엄마가 작은 목소리로 속삭였어요.

"태성아, 손들어. 너도 얼른 발표하라고."

태성이는 일부러 엄마 쪽으로 고개를 돌리지 않았어요. 엄

마가 가슴을 콩콩 치다 말고 손나발을 만들었어요.

"태성아, 손들어. 얼른!"

아까보다 목소리가 조금 더 커졌어요. 태성이는 여전히 입을 다물고 있었어요.

그때, 갑자기 엄마 목소리가 확 터져 버렸어요.

"태성아, 너도 손들어. 손들라니까……."

옆에서 참고 있던 엄마들의 웃음소리도 터졌어요.

"태성 엄마가 대신 입어야겠네."

"옷이 맞으려나?"

놀리는 사람도 있었어요. 그런 엄마를 본 선생님이 웃으며 태성이를 불렀어요.

"정태성! 우리 태성이가 이 옷을 한번 입어 보자. 자, 나오세요!"

발딱 일어서서 나갈 줄 알았던 태성이가 꾸물대자 아이들이 바라보았어요.

"야, 얼른 나가!"

"나 같으면 달려 나가겠다."

"나 좀 시켜 주시지."

모두 부러워했어요.

태성 엄마는 이제야 어깨를 펴고 흐뭇하게 웃었어요. 할머니도 얼굴 가득 웃음 지었어요.

'입 벌리는 거 아니니까 냄새는 안 나겠지.'

태성이는 느릿느릿 앞으로 걸어 나갔어요.

선생님이 통나무 옷을 입혀 주었어요. 태성이는 슬쩍 자기 몸을 보고 싶었지만, 옷이 너무 빵빵해서 볼 수가 없었어요. 선생님이 태성이 앞으로 나왔어요.

"이번엔 태성이에게 붙여 줄 말 잎사귀를 만들어 보세요. 과연 어떤 말 잎사귀가 달릴지 기대되는데요?"

아이들은 잎사귀 색종이에 글씨를 썼어요. 또각또각 연필소리가 신이 났어요. 손으로 종이를 가리고 쓰는 아이, 짝꿍 것을 슬쩍 훔쳐보는 아이, 후딱 쓰고 발장난을 하는 아이들도 있었어요.

아이들이 술렁대자 선생님이 말했어요.

"다 쓴 사람부터 차례대로 나와서 말 잎사귀를 붙여 주세요."

아이들이 나와서 잎사귀를 붙이고 들어갔어요. 다녀간 아이들이 많아질수록 태성이는 푸른 나무가 되었어요. 연두색, 초록색, 진한 초록색 이파리들로 풍성했어요.

"태성이가 어떤 말 잎사귀를 달고 있나 궁금하지요? 자, 그럼 봅시다! 욕쟁……."

말 잎사귀를 보고 읽던 선생님의 목소리가 뚝 끊겼어요. 대신 아이들이 잎사귀에 적힌 말들을 읽어내려 갔어요.

"욕쟁이, 재수 없어, 짱나, 그만해, 하지 마, 꺼져, 말미잘, 똥개, 난쟁이, 땅꼬마……."

태성이가 자주 쓰는 욕설들이었어요.

"으하하, 웃겨라!"

"히히히, 꼴좋다!"

"어쩜 좋아. 낄낄낄."

아이들이 배꼽을 잡고 웃었어요. 엄마들도 입을 가리고는 쿡쿡 웃었어요.

선생님이 아이들에게 조용히 하라고 했지만 웃음을 멈추지 않았어요. 태성이의 얼굴은 부풀어 올라 금세라도 터질 것만 같았어요. 그렁그렁 눈물도 맺혔어요.

태성이는 자리에서 연기처럼 포르르 사라져 버리고만 싶었어요.

"난 이제 학교 안 갈 테야! 가기 싫어."

태성이는 오후 내내 방 안에 틀어박혀서 떼를 썼어요. 코가 쏙 빠진 엄마도, 퇴근하고 온 아빠도 달랬지만 소용없었어요.

"난 학교 못 가. 죽어도 못 가. 창피해!"

태성이는 징징대며 소리쳤어요. 갈수록 입 냄새가 더 나는 걸 생각하면 펄쩍 뛸 노릇이었어요.

태성이가 한참을 울고 났을 때, 할머니가 말했어요.

"태성아, 이제부터 고운 말을 쓰면 친구들과 얼마든지 다정

하고 즐겁게 지낼 수 있단다. 하나씩 바꿔 나가면 돼. 누구든 말실수를 할 수 있어. 나중에 고치느냐 안 고치느냐가 문제지. 말이란 그런 거란다. 늘 되새기고 조심해야 하는 것!"

  태성이가 손등으로 눈두덩을 문댔어요. 할머니의 말이 귀에 들어왔어요.

  '정말? 지금부터 고운 말을 쓰면 될까?'

  할머니는 태성이를 계속 다독거렸어요.

"태성아, 오늘 놀림감이 됐다고 속상해할 필요가 없단다. 좋은 걸 알았잖니? 함부로 내뱉은 말이 너를 대표하는 말이 된다는 거! 그리고 그동안 네 말로 마음 아팠을 친구들도 많았을 거야. 친구들이 너처럼 상처받고, 속상해했다는 걸 알았으면 됐어. 앞으로 안 그러면 돼. 친구들한테 먼저 솔직하게 사과하고, 앞으로는 고운 마음을 담은 말을 해라. 그러면 아이들도 널 좋아하게 될 테니까."

이제 향기가 나!

다음 날 아침, 태성이는 학교로 향했어요.

할머니가 시골로 돌아가는 날이라며 몇 번이나 머리를 쓰다듬어 주었는데도 얼굴이 펴지지 않았어요. 발걸음도 무거웠어요. 숨을 크게 내쉬며 고개를 들었을 때, 교문에 들어서는 연주가 보였어요. 혼자 걸어가는 모습이 태성이 자신처럼 외로워 보였어요.

할머니의 말이 생각났어요.

"세상에서 가장 무서운 건 '사람의 혀'라는 말이 있단다. 무슨 뜻이냐 하면, 말 한마디로 다른 사람을 행복하게도 불행하게도 만든단 소리야. 그러니 무심코 내뱉은 말로 다른 사람을 속상하게 하거나 슬프게 해선 안 되겠지. 만약 그랬다면 솔직하게 사과해야 해. 암 그렇고말고."

태성이는 연주에게 사과하고 싶었어요. 그래서 얼른 달려갔어요. 나쁜 말을 했을 때 연주가 얼마나 마음 아팠을까 생각하니 정말 미안했어요. 태성이는 용기를 내서 입을 열었어요.

"야!"

연주가 돌아보았어요. 눈을 동그랗게 떴어요. 왜 부르냐며 묻는 것 같았어요. 태성이의 목소리가 떨렸어요.

"야, 있잖아……."

뒷말이 생각나지 않아 마른침만 꿀떡 삼켰어요.

잠시 후, 연주가 말했어요.

"내 이름은 연주거든. 야, 아니거든."

연주가 먼저 손을 내미는 것처럼 말했어요. 얼굴에 웃음기도 가득했어요. 그러자 태성이는 불쑥 용기

가 솟았어요.

"연주야, 미안해!"

"뭐가 미안해?"

"너한테 나쁜 말 하고, 놀리고, 괴롭힌 거."

태성이가 후다닥 말했어요. 그러자 연주가 장난을 치듯 피식 피식 웃었어요.

"근데 너 이제 입 안 가린다."

태성이는 깜짝 놀라 입 냄새 맡아 보았어요. 신기하게도 구린내가 나지 않았어요. 연주가 어른처럼 말했어요.

"태성아, 넌 정말 좋은 점이 많은 것 같아. 운동도 잘하고, 수학도 잘하고, 씩씩하고, 웃는 모습은 정말 멋있어."

태성이는 처음 들어 보는 소리였어요. 정말 내가 그럴까 하는 생각이 들 정도였어요.

"그런데 너랑 친해지긴 어려워. 왜 그런 줄 아니?"

보통 때 작은 목소리로 말하던 연주가 아니었어요.

"네 마음은 나쁘지 않은 것 같은데, 네가 나쁜 말을 쓰니까

너랑 가까이 하기 어려워. 근데 요즘 네가 좀 달라진 것 같아서 나도 용기를 내 봤어. 넌 축구도 잘하니까 예전부터 너랑 친해지고 싶었거든."

태성이의 얼굴이 어제처럼 화끈 달아올랐어요. 하지만 어제와는 전혀 다른 기분이었어요.

"연주야, 날 친구로 받아 줘서 고마워."

그 말을 하고 났을 때 태성이 입에서 향기가 났어요. 그러고는 박하사탕을 물었을 때처럼 속까지 화해졌어요.

'아, 나한테서 이런 향기가 난다면 친구들이 정말 좋아하겠구나. 고운 말을 하는 아이들 옆에 갔을 때 뭔가 기분 좋아지던 느낌은 바로 이런 거였는지도 몰라.'

태성이는 씨익 웃으며 생각했어요. 세상이 조금씩 밝아지는 것 같았어요.

태성이는 학교에서도, 집에 갈 때도 즐거웠어요. 늘 연주와 함께니까요. 특히, 집에 가는 길은 구름 위를 걷는 것처럼 걸

음도 사뿐사뿐했어요. 콧노래가 절로 났어요. 내일부터 생활이 온통 좋은 냄새로 가득 찰 것 같아 가슴이 벅차올랐어요.

그런데 연주와 헤어져서 동네 골목에 들어섰을 때였어요.

파란색, 노란색, 초록색 머리에 가죽점퍼를 입은 형들이 있었어요. 오글오글 모여 누구의 흉을 보았어요.

"야, 그 멍청이는 말이야. 우~, 증말 짱나지 않냐? 주먹이 운다, 주먹이 울어."

"정말 열 뻗쳐!"

"그 짜식……."

형들의 거친 말에 태성이는 오싹 소름이 돋았어요. 무서워 도망가려는데 다리가 말을 듣지 않았어요. 그곳을 얼른 벗어나고 싶은 마음뿐이었어요.

그때, 한 명이 소리쳤어요.

"야, 이거 뭐냐? 어디서 구린내가 나냐?"

"그러게 말이야!"

쿨럭쿨럭, 캑……. 형들이 기침을 쏟아 냈어요.

"아, 고약해! 이런 젠장!"
"갈수록 심해져. 정말 괴롭다."
"아, 토할 것 같아."
아우성이 더 커졌어요. 태성이는 종종걸음 치다 말고 헤죽 웃었어요.

"아마 형들도 고운 말을 쓰지 않고는 못 배길 거다. 히히!"

룰루랄라, 태성이의 발걸음이 아까보다 더욱더 가벼워졌어요.

이제 향기가 나! 79

나의 고운 말 점수는 몇 점?

자신의 말하는 습관에 대해 생각해 본 적 있나요? 이 테스트를 통해 자신의 언어 습관을 점검해 보고 더 바른 언어를 사용할 수 있도록 노력해 봐요. 잘 몰랐던 나의 모습을 알 수 있을 거예요.

〈나의 고운 말 지수 테스트〉

⭐ 1 다른 사람에게 욕을 하지 않아요. ☐
⭐ 2 어른께는 항상 존댓말을 해요. ☐
⭐ 3 다른 사람의 이야기를 끝까지 잘 들어요. ☐
⭐ 4 말하기 전에 듣는 사람의 입장을 먼저 생각해요. ☐
⭐ 5 내 생각을 강요하지 않아요. ☐
⭐ 6 남을 흉보거나 놀리지 않아요. ☐
⭐ 7 다른 사람이 말할 때 중간에 끼어들지 않아요. ☐

⑧ 큰 소리로 떠들지 않아요. ☐

⑨ 화가 났다고 공격적으로 말하지 않아요. ☐

⑩ 부정적으로 말하지 않아요. ☐

⑪ '고마워, 미안해, 괜찮아'라는 말을 많이 해요. ☐

⑫ 부드러운 표정으로 말해요. ☐

체크 결과

0~4개 상대방에 대한 배려가 부족하군요. 내 뜻대로만 행동하고 말하지는 않는지 곰곰이 생각해 보고, 고운 말을 쓰도록 열심히 노력해 봐요.

5~8개 지금보다 조금만 더 주변을 살펴봐요. 혹시 내 말 한마디로 친구가 상처를 받았을지도 몰라요. 앞으로 상대방을 배려하면서 말할 수 있도록 더 노력해요.

9~12개 평소 바르고 고운 말을 쓰는 습관이 되어 있군요. 고운 말을 계속 실천해 나간다면, 앞으로 좋은 친구들이 더 많이 생길 거예요!

상황에 맞는 고운 말 찾기

친구, 부모님, 동생과 말을 하면서 상대방의 마음을 배려하지 않고 내 기분대로 대꾸한 적은 없나요? 우리가 무심코 내뱉은 말 한마디가 다른 사람에게 상처를 줄 수도 있어요. 말을 할 때는 늘 상대방을 배려하는 마음을 가져야 해요.

⭐ 1 태성이는 어떻게 말해야 말에서 향기가 날까요?

⭐ 2 상황에 맞게 말하기 (때와 장소를 가려서 지혜롭게 말해요.)

① 내가 실수했을 때나 사과할 때 - "미안해." "죄송해요."

② 친구를 위로하고 싶을 때 - "괜찮아, 힘내!"

③ 축하하고 싶을 때 - "축하해!"

④ 고마움을 느낄 때 - "고마워." "감사해요."

⑤ 양보할 때 - "괜찮아, 먼저 해."

⑥ 밤늦게 전화할 때 - "안녕하세요? 저는 ○○예요. 밤늦게 죄송한데, △△ 좀 바꿔 주세요."

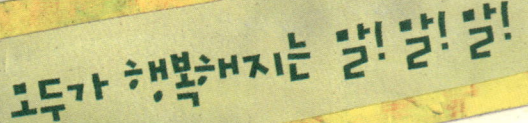 모두가 행복해지는 말! 말! 말!

말은 마음 밭에서 나는 냄새라고 했지요? 우리가 고운 말을 사용하면 사용할수록 나에게선 좋은 향기가 날 거예요. 그렇다면 나와 상대방을 기분 좋게 만드는 말에는 어떤 것이 있을까요?

⭐ **1** 나를 행복하게 만드는 다섯 가지 혼잣말

① 난 할 수 있어!
② 이제 좋은 일이 생길 거야!
③ 최선을 다할 테야!
④ 난 멋진 사람이야!
⑤ 난 용기 있는 사람이야!

⭐ **2** 친구를 행복하게 만드는 다섯 가지 말

① 난 네가 해낼 줄 알았어!
② 넌 정말 멋있어!

③ 넌 참 좋은 친구야!
④ 네게 좋은 일이 생길 거야!
⑤ 넌 참 어른스럽구나!

⭐ 3 엄마를 행복하게 만드는 다섯 가지 말

① 할 수 있어요.
② 엄마, 어깨 주물러 드릴까요?
③ 우리 엄마, 예뻐요!
④ 웃으시는 모습이 정말 좋아요!
⑤ 엄마가 자랑스러워요!

⭐ 4 선생님을 행복하게 만드는 다섯 가지 말

① 선생님, 사랑해요!
② 친구들과 사이좋게 놀게요.
③ 반드시 좋은 모습 보여드릴게요.
④ 최선을 다할게요.
⑤ 수업이 정말 재밌어요.

올바른 언어 습관을 길러주는 책

나쁜 말은 재밌어!

초판 1쇄 발행 2011년 6월 10일 **초판 38쇄 발행** 2025년 12월 29일

글 정란희 **그림** 에스더
펴낸이 최순영

교양 학습 팀장 김솔미 **편집** 김숙영
키즈 디자인 팀장 이수현 **디자인** 마루·한

펴낸곳 ㈜위즈덤하우스 **출판등록** 2000년 5월 23일 제13-1071호
제조국 대한민국 **주소** 서울특별시 마포구 양화로 19 합정오피스빌딩 17층
전화 02)2179-5600 **홈페이지** www.wisdomhouse.co.kr **전자우편** kids@wisdomhouse.co.kr

ⓒ정란희, 2011
ISBN 978-89-6247-320-9 74810   ISBN 978-89-92010-33-7(세트)

- 이 책의 전부 또는 일부 내용을 재사용하려면 반드시 사전에 저작권자와
  ㈜위즈덤하우스의 동의를 받아야 합니다.
- 인쇄·제작 및 유통상의 파본 도서는 구입하신 서점에서 바꿔드립니다.
- 책값은 뒤표지에 있습니다.
- 이 책의 사용 연령은 8~13세입니다.